LEAN STARTUP

RÉSUMÉ ET ANALYSE
DU LIVRE D'ERIC RIES

Par Xavier Xhoffray

50MINUTES.fr

LEAN STARTUP

UN MODÈLE DE RÉUSSITE ENTREPRENEURIALE

Après l'échec de sa première start-up, Catalyst Recruiting, Eric Ries décide d'adopter une tout autre méthode, pourtant décriée par les principales théories de management traditionnelles : la start-up *lean*.

Adaptée de la théorie développée par les ingénieurs japonais de Toyota, cette méthode insiste sur l'importance de réduire les gaspillages et de procéder par à-coups, en rectifiant constamment sa trajectoire en fonction du feed-back provenant du client.

Suite à la mise en place de ces principes au sein de sa propre start-up et vu l'intérêt manifesté par les lecteurs de son blog pour le sujet, Eric Ries décide de publier *Lean Startup*, un ouvrage compilant ses enseignements liés à ses propres expériences.

QUELQUES DONNÉES

- **Référence ?** RIES (Eric), *Lean Startup. Adoptez l'innovation continue (The Lean Startup. How Today's Entrepreneurs Use Continuous Innovation to Create Radically Successful Businesses)*, Montreuil, Pearson France, 2012.
- **1re édition ?** 2011.

- **Auteur ?** Eric Ries est un Américain né en 1978. À 26 ans, il cofonde l'entreprise IMVU à laquelle il applique le principe de la start-up *lean*. En 2011, il donne, dans son ouvrage, les principales clés de cette méthode.
- **Courant ?** Gestion de la production et recherche de performance.
- **Mots-clés ?**
  - <u>Start-up</u> : jeune entreprise innovante à fort potentiel de croissance.
  - <u>*Lean manufacturing*</u> : méthode d'organisation qui consiste à éliminer tous les gaspillages présents dans le processus de production, tout en pratiquant une politique de progrès permanent. Cette philosophie est appliquée pour la première fois dans les années soixante-dix chez Toyota et s'est depuis imposée dans la plupart des grands groupes industriels.
  - <u>*Lean startup*</u> : application de la méthode du *lean manufacturing* au processus d'innovation, dans tout type d'entreprise. Imaginée par Eric Ries dans les années 2000 et appliquée à l'entreprise IMVU, cette application connaît aujourd'hui un large succès dans le monde entrepreneurial.

MISE EN CONTEXTE

L'AUTEUR

Eric Ries est né en 1978 aux États-Unis. Alors qu'il n'est encore qu'écolier, il coécrit un premier livre intitulé *Black Art of Java Game Programming*, un guide dynamique et interactif visant à une utilisation optimale du programme informatique Java. Il entreprend ensuite des études de programmation informatique tout en lançant sa première start-up avec un ami, et est diplômé de l'université de Yale en 2001. Son diplôme en poche, il entame une carrière d'entrepreneur dans la célèbre Silicon Valley.

Eric Ries travaille alors, en tant qu'ingénieur de logiciel, pour l'entreprise There.com, spécialisée dans le domaine virtuel. En 2004, lorsque la société fait faillite, il décide de fonder avec Will Harvey, un ancien collègue de There. com, IMVU, une entreprise commercialisant un logiciel de discussion instantané utilisant des avatars 3D personnalisés et permettant également aux différents utilisateurs de jouer entre eux. Il faut dire que la mode est à ce type de réseaux sociaux : la même année, Facebook est créé par Mark Zuckerberg.

Peu de temps après, Ries fait la rencontre de Steve Blank, un talentueux entrepreneur de la Silicon Valley et futur investisseur d'IMVU. Cette rencontre sera déterminante dans le déroulement de la carrière d'Eric Ries. C'est en effet Steve Blank qui insiste sur la nécessité pour tout entrepreneur de réellement cibler les attentes et envies de ses clients potentiels.

L'étude de différents secteurs d'activité conduit en outre Eric Ries à s'intéresser de plus près aux méthodes du *lean manufacturing*, un système de production venu du Japon. Son idée est simple, mais terriblement novatrice : appliquer cette philosophie *lean* au processus d'innovation.

Son modèle, caractérisé par un cycle extrêmement rapide, une prise en compte des souhaits des clients et une prise de décision sur base scientifique, est mis en application chez IMVU. Les résultats s'avèrent stupéfiants, et l'idée de la start-up *lean* se propage rapidement au sein d'autres entreprises.

En 2007, le magazine *BusinessWeek* décerne à Eric Ries le titre de « meilleur jeune entrepreneur technologique ».

Un an plus tard, il se lance dans la réalisation d'un blog informatique, *Startup Lessons Learned*, où il partage ses expériences en tant que fondateur de start-up. Pour la première fois, dans un billet, il évoque le concept de *lean manufacturing* comme méthode indispensable selon lui pour gagner en efficacité. Cet article fait beaucoup de bruit dans le monde entrepreneurial et le pousse à approfondir ce concept.

En 2009, Eric Ries remporte le TechFellow Award, un prix renommé dans le monde des affaires, dans la catégorie Engineering Leadership.

Sa renommée ne cesse de grandir, et de nombreuses start-up et sociétés font appel à ses services en tant que consultant. En 2010, il devient « entrepreneur en résidence » (c'est-à-dire un spécialiste de la création d'entreprises qui apporte son expertise à un fonds d'investissement ou au sein d'universités) à la Harvard Business School.

En 2011, il publie l'ouvrage *Lean Startup* qui devient rapidement un best-seller.

CONTEXTE ET COURANT

En 1972, après des années de recherche et d'expérimentation, Toyota met en place dans son cycle de production une nouvelle méthode : le *lean manufacturing*. *Lean* en anglais signifie « maigre », « dégraissé ». Le principe de cette méthode est à la fois simple et efficace : faire en sorte de diminuer les pertes et le gaspillage et donc, par corrélation, de réduire les coûts.

Cette philosophie du *lean* intervient dans un contexte où se met en place une recherche constante de gain de productivité, dans une société en plein « boom de la consommation ». Il faut produire sans cesse davantage, tout en diminuant au maximum les coûts de production.

Dans ce but, Toyota mise sur une diminution drastique du gaspillage (*muda* en japonais). Ces sources de gaspillages sont, selon les ingénieurs Toyota, au nombre de sept.

Dans le courant des années quatre-vingt-dix, la philosophie du *lean* traverse le Pacifique et est théorisée par des penseurs américains tels que James P. Womack et Daniel T. Jones (*Lean Thinking*, 1996), Terry L. Bresser (*Team Toyota*, 1996) ou Jeffrey K. Liker (*The Toyota Way*, 2004). Le *lean* se propage ensuite dans différentes industries, à commencer par les industries automobiles. Nombreux sont ceux qui imaginent une possible adaptation de cette philosophie à d'autres secteurs économiques.

Aujourd'hui, il existe d'autres applications reconnues du *lean* :

- le *lean management*, qui cherche à éliminer toute forme de gaspillage du travail au sein d'organisations telles que des entreprises ou des unités de production. Dans ce contexte, il convient d'éradiquer les *muda* (tout ce qui est sans valeur), les *muri* (les processus de travail, peu ou pas adaptés, provoquant un surplus de travail) et les *mura* (irrégularités) ;
- le *lean IT*, qui est l'extension des principes du *lean* au monde des systèmes d'information ;
- ou encore le *lean software*, qui est l'application du *lean* au développement de logiciel.

C'est notamment le cas d'Eric Ries, qui évoque le terme de *lean manufacturing* sur son blog en 2008. D'emblée, sa volonté est d'accommoder cette méthode à la création et au développement de start-up. Il confie d'ailleurs en juin 2016 au *Journal du Net* que, comme chaque jeune entrepreneur à l'époque, il a été confronté à ce problème de base : comment être certain que le produit sur lequel je travaille depuis des mois – voire parfois depuis des années –trouvera sa clientèle ?

L'auteur est persuadé que la bonne méthode pour répondre à cette interrogation est de se rapprocher autant que possible des futurs utilisateurs potentiels pour développer un produit que ces derniers voudront réellement adopter et utiliser. Néanmoins, comme le préconise la méthode *lean*, il faut éviter les risques et les gaspillages. Ainsi, d'après Ries, il est préférable de se détourner d'un grand lancement lorsque l'on désire faire connaître son produit : mieux vaut donc miser sur un test préalable auprès d'un petit nombre de personnes. En effet, le fait de tester son produit sur un groupe restreint permet d'en mesurer les résultats rapidement et à moindres frais, tout en mettant le doigt sur ses erreurs.

SYNTHÈSE DE *LEAN STARTUP*

L'ouvrage reprend point par point les principaux principes de cette méthode innovante et s'adresse directement à tout entrepreneur désireux de lancer sa propre entreprise ou de renouveler le dynamisme insufflé à son projet.

La première partie du livre plaide pour la mise en place d'une nouvelle discipline de management entrepreneurial basée sur l'expérimentation scientifique. Cette méthode permettra à tout type de start-up d'évaluer les progrès réalisés. La seconde partie entre dans le vif du sujet et présente en détail la méthode. La dernière partie montre que cette méthode est facilement applicable à tout type d'entreprise et permettra rapidement de rentabiliser le processus d'innovation.

De façon générale, les procédés enseignés dans cet ouvrage donneront à ceux qui le souhaitent les outils nécessaires pour maximiser leur force créatrice et permettre à leurs projets de prendre leur envol.

LE *LEAN* APPLIQUÉ AUX START-UP

Une start-up est par essence une entreprise qui évolue dans un environnement fait d'incertitudes et de risques. Il faut que ses dirigeants en soient conscients et qu'ils en acceptent les conséquences, notamment celle de se remettre continuellement en question. Ces conditions d'extrême incertitude sont propices à la mise en place d'un management entrepreneurial dédié à l'innovation et à la croissance. En effet, une croissance économique durable sur le long terme doit nécessairement passer par l'introduction permanente d'innovations.

La méthode *lean* convient aux start-up de tout type et de toute taille. Elle permet à chaque entrepreneur de mieux contrôler son entreprise et d'en gérer les différents aspects, tout en évitant les gaspillages de temps et d'efforts. Il est alors libre de se consacrer aux éléments qui comptent dans la croissance de sa société.

Pour pouvoir concentrer au mieux son énergie, il convient en priorité de savoir ce dont a besoin le client, afin de rentabiliser la production. Suivant la méthode *lean*, la fabrication d'un produit adapté à la demande peut se faire par à-coups, via des ajustements permanents. Le but est de comprendre ce qui sera considéré par les clients potentiels comme une création de valeur supplémentaire.

LA BOUCLE DE FEED-BACK

Toute start-up est caractérisée par ce que l'on appelle la boucle de feed-back :

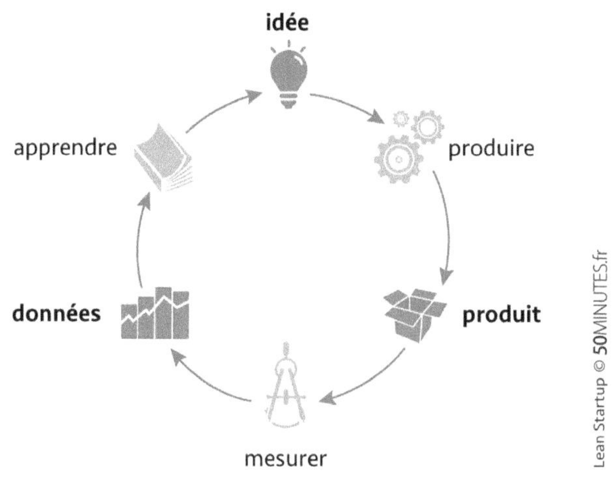

Diminuer la durée totale de cette boucle permet aux entreprises de réduire leur perte de temps, d'argent et d'énergie. Il est possible d'agir au niveau des trois éléments de cette boucle.

Produire : le produit minimum viable

Le produit minimum viable (PMV) est en quelque sorte un prototype du produit que l'on désire lancer sur le marché. Cette version du produit est dite minimale, car sa mise en place requiert le minimum d'effort et de temps possible. Il est donc évident que le PMV ne sera pas parfait et qu'il lui manquera de nombreuses fonctionnalités avant de ressembler au produit final imaginé à l'origine.

Néanmoins, cette version minimale du produit permet d'entrer directement dans la phase de production et de le confronter, une première fois, aux clients. L'étude de leurs réactions face à ce prototype est utile dans le lancement du processus d'apprentissage par feed-back. Le PMV permettra donc d'éliminer le plus rapidement possible les éventuels gaspillages et d'aller au plus court vers les enseignements qui seront utiles dans la validation du produit. En effet, toute stratégie repose sur des hypothèses ; il faut pouvoir les tester aussi vite que possible afin d'évaluer si elles sont susceptibles de fonctionner ou non.

Il est important d'insister sur le fait que le PMV n'a pas à être parfait. Au contraire, même un PMV de basse qualité apporte des informations et des données utiles, voire essentielles, pour la suite du processus. En outre, juger de la qualité du PMV avant même son lancement sur le marché supposerait une connaissance des caractéristiques que le client percevra comme ayant une valeur utile, ce qui n'est jamais le cas au moment du lancement d'un produit (rappelons qu'une start-up évolue dans un milieu d'incertitudes où elle ne sait même pas quels pourraient être ses clients potentiels).

Il faut rester conscient qu'un PMV apportera, en général, de mauvaises nouvelles, mais il faut être capable de les surmonter. Il ne faut pas avoir peur d'échouer, car ces échecs permettent d'apprendre, d'évoluer. Mieux vaut donc faire preuve de souplesse, d'obstination et ne pas perdre espoir.

L'expérience d'IMVU est particulièrement parlante quant à la mise en place d'un PMV :

> « Nous avions deux raisons d'être gênés lorsque nous contactions des investisseurs potentiels. Premièrement, la qualité de notre application (encore pleines de bugs) était plutôt faible. Deuxièmement, notre chiffre d'affaires [...] n'avait rien de prodigieux [...] les chiffres étaient si bas que les investisseurs nous demandaient souvent de préciser l'unité de compte. Question : c'est en millions de dollars ? Réponse : Non, non, juste en dollars. » (p. 107)

Il n'empêche que la mise en place de PMV cohérents a permis à IMVU de procéder aux ajustements nécessaires et de croître rapidement.

Mesurer : la gestion analytique de l'innovation

C'est au cours de cette phase de mesure qu'il faut déterminer si les efforts pour le développement du produit aboutissent à un progrès réel. Pour ce faire, Eric Ries recommande ce qu'il appelle la gestion analytique de l'innovation, qui est une approche quantitative des efforts à réaliser et des éventuels progrès. Toute entreprise verra, grâce à cette méthode, si elle parvient à croître sur le long terme.

- Dans un premier temps, il s'agit d'utiliser le PMV pour obtenir des données sur l'environnement dans lequel le produit devrait évoluer.
- Ensuite, il faut être capable de passer « du fonctionnement de base au régime idéal » via de nombreuses ten-

tatives et des microajustements basés sur l'analyse des données recueillies. Il est important de bien fragmenter cette analyse et de procéder petit changement par petit changement, en se fixant des paliers. Chaque évolution doit avoir pour but d'améliorer un élément du moteur de croissance (voir <u>plus bas</u>). On peut par exemple améliorer le design du produit afin d'influencer le comportement des clients. Ces différents paliers sont, pour le projet, des étapes de validation d'enseignements. Dans l'exemple du changement de design, cette modification doit entraîner un effet positif sur le taux d'activation de nouveaux clients. Si tel est le cas, l'enseignement sera considéré comme validé et permettra de cibler les éventuels problèmes et d'imaginer un possible pivotement.

- Enfin, une fois toutes les optimisations possibles réalisées, vient le moment de la décision. Faut-il changer de cap (si la société ne progresse pas dans le sens désiré) ou persister dans la même optique (dans le cas contraire) ?

Pour être en mesure de faire le bon choix, il faut à tout prix éviter les indicateurs illusoires. Beaucoup d'entrepreneurs y ont recours pour simuler un succès ou tout simplement parce qu'ils refusent de voir la vérité en face. Éviter de se laisser guider par des données illusoires est pourtant primordial pour avancer vers la pérennisation de sa start-up. Il ne faut donc se fier qu'aux indicateurs décisionnels, c'est-à-dire aux chiffres utiles pour juger l'activité et les étapes de validation des enseignements. Ainsi, beaucoup d'entreprises choisissent des indicateurs assez génériques, comme le nombre total de clients ou le taux d'activation du service. Ces chiffres peuvent être trompeurs et ne sont pas toujours adaptables au moteur de croissance. Par exemple, si ce dernier est basé sur la fidélisation, des indicateurs de ce type sont peu utiles pour évaluer la croissance de l'activité. Il faudra davantage s'intéresser aux taux d'acquisition et de résiliation.

Pour définir un indicateur décisionnel, Eric Ries a recours à la définition des trois A :

- **Action**. Pour qu'une analyse puisse mener à l'action, elle doit souligner clairement un lien de cause à effet.
- **Accessibilité**. Les rapports doivent être clairs, précis et accessibles à tous, avec des unités de mesure concrètes et tangibles.
- **Audit**. Il faut que les données soient crédibles pour tous les employés. Elles doivent être testées avec leurs imperfections.

En outre, il faut toujours rester critique vis-à-vis des chiffres et surtout ne jamais oublier que derrière ces données, le facteur humain reste omniprésent.

Apprendre : le pivotement

Arrive le moment des conclusions et des prises de décisions : faut-il, oui ou non, persévérer ou s'éloigner de sa stratégie initiale ? C'est à cet instant qu'intervient le concept de pivot, qui se trouve au cœur de la théorie de la *lean start-up*.

Selon Eric Ries, rien n'est plus dangereux qu'une entreprise qui fait du surplace. La stagnation est destructrice pour la créativité humaine, tout comme l'est le fait de vouloir persévérer à tout prix dans une voie sans issue. Un changement de direction, quand il est fructueux, peut replacer une entreprise sur la voie d'une activité durable à long terme.

La véritable valeur d'une start-up se calcule selon le nombre de changements de direction, le nombre de pivots, qu'elle peut encore se permettre, c'est-à-dire le nombre de fois où « elle pourra modifier fondamentalement sa stratégie commerciale ». Tout changement de stratégie est pour l'entreprise une nouvelle chance de dynamiser son activité. Il existe différents types de pivots :

- **le pivot restrictif**, lorsque l'une des fonctionnalités du produit initial devient le produit à part entière ;
- **le pivot extensif**, lorsque le produit initial devient l'une des fonctionnalités d'un produit bien plus important ;
- **le changement de segment client**, quand le produit répond à un problème auprès de clients qui diffèrent de ceux pressentis à l'origine ;
- **le changement de besoin du client**, qui entre en jeu lorsque les clients ont d'autres problèmes qui les préoccupent davantage que celui pour lequel le produit existe. En d'autres termes, le problème à résoudre n'est pas celui qui était initialement prévu ;
- **le changement de plate-forme**, qui consiste à passer d'une application à une plate-forme ou vice-versa ;
- **le changement d'architecture d'entreprise**, c'est-à-dire le passage d'une entreprise à marge élevée/volume faible à une entreprise à marge faible/volume élevé, ou inversement ;
- **le changement de capture de la valeur**. Il existe diffé-

rentes façons pour capturer/connaître la valeur d'une entreprise à un moment x. Certains privilégient la monétisation du capital ou les revenus de l'entreprise. Eric Ries est, quant à lui, persuadé que la valeur d'une entreprise se mesure à la valeur commerciale du produit qu'elle vend. Changer la façon dont on mesure la valeur de notre entreprise peut avoir des conséquences importantes sur le reste de l'activité, sur les produits et sur les stratégies marketing ;

- **le changement de moteur de croissance**. Il en existe trois types :
  - le moteur de croissance fondé sur la fidélisation,
  - le moteur de croissance viral,
  - le moteur de croissance reposant sur l'acquisition payante ;
- **le changement de canal de vente ou de distribution** ;
- **le changement de technologie**, qui vise la façon de réaliser le produit.

Ces changements éventuels constituent des pivots que toute entreprise peut, à un moment ou à un autre, effectuer si elle désire continuer sur la voie de l'innovation. Toute société, même en expansion, doit pouvoir se remettre en question et, si nécessaire, adapter, changer ou réinventer, en tout ou en partie, sa stratégie.

Beaucoup d'entrepreneurs tardent trop avant d'adopter un pivot. Les causes en sont multiples : indicateurs illusoires, premiers résultats ambigus ou objectifs pas suffisamment clairs, peur de l'échec, etc. Un pivotement est émotionnellement dur à accepter pour un concepteur, qui pourrait se demander s'il ne faudrait pas laisser un peu plus de temps au produit pour qu'il puisse « réellement » faire ses preuves. Et effectivement, un changement de cette envergure doit être mûrement réfléchi et structuré ; mais il ne faut pas non plus en avoir peur. Il faut être lucide, objectif et ne pas vouloir changer à tout prix.

Il existe à cet égard deux facteurs qui montrent qu'il est temps d'adopter une nouvelle direction : « la diminution de l'efficacité des expérimentations menées sur le produit et l'impression générale que son développement devrait être plus productif » (p. 193). Autrement dit : le produit crée-t-il encore suffisamment de valeur ?

LES MÉTHODES *LEAN*

Différentes méthodes *lean* permettent d'obtenir quantité d'enseignements validés à moindre coût ou en un laps de temps plus court.

La technique des « petits lots »

De nombreux managers restent persuadés que la méthode de production la plus efficace est la production en série. Selon Eric Ries, c'est une erreur ! Il préconise le flux continu par fabrication de « petits lots ». Cette fabrication est plus rapide et permet d'identifier les problèmes de qualité plus rapidement. Une fois les problèmes identifiés, la validation des enseignements ne sera plus qu'une formalité.

Une production en série nécessite un large stock de pièces détachées pour satisfaire à chaque instant la demande des clients. Toutes ces pièces entreposées peuvent être apparentées à une forme de gaspillage. La fabrication *lean* résout le problème de rupture de stock grâce à la technique du flux tiré, où « chaque étape de la chaîne de production tire les pièces nécessaires de l'étape précédente ». En d'autres termes, on ne produit des pièces qu'au moment où elles deviennent nécessaires pour répondre aux besoins de l'étape suivante du processus, déterminés en amont à partir des demandes et des attentes des clients. La mise en fabrication d'un produit est déclenchée par la commande.

BON À SAVOIR

« Après la Seconde Guerre mondiale, les fabricants de voitures japonaises comme Toyota étaient incapables de concurrencer les énormes usines américaines qui utilisaient les dernières techniques de production en série [...] les usines taylorisées fabriquaient les voitures par lots de plus en plus grands. » (p. 201) Par cette méthode, les usines américaines parvenaient à réduire le coût unitaire de chaque pièce. Le marché japonais, bien plus restreint et anéanti par la guerre, ne pouvait suivre le rythme. C'est dans ce contexte que des ingénieurs à l'esprit novateur comme Taiichi Ohno (1912-1990) ou Shigeo Shingo (1909-1990) ont eu recours aux lots de petite taille.

La technique des « cinq pourquoi »

Quand un problème surgit dans la boucle de feed-back, il faut être à même de le résoudre. La technique des « cinq pourquoi » permet de déceler la cause profonde d'un problème, en allant au-delà des apparences et des évidences. L'idée est de poser la question « Pourquoi ? » au problème, à plusieurs reprises, en réinterrogeant chaque fois la cause identifiée lors du « pourquoi » précédent pour parvenir aux racines du problème, comme le montre le schéma ci-dessous.

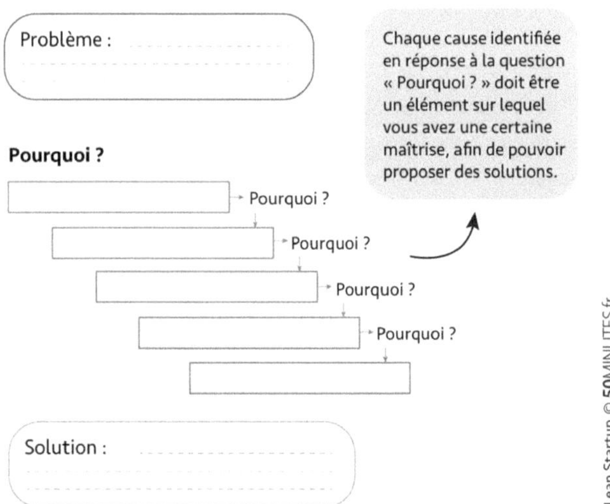

Ensuite, il sera nécessaire d'investir proportionnellement à chacun des cinq niveaux du problème. Si celui-ci est mineur, il faudra dépenser moins d'énergie à le résoudre. Les cinq pourquoi permettent donc d'éviter de gaspiller trop d'énergie en cernant mieux les vrais soucis. Associée aux petits lots, cette méthode constitue la base dont une entreprise a besoin pour réagir rapidement aux problèmes, sans investir plus que nécessaire.

Pour un fonctionnement optimal, il faut réunir le maximum de personnes lors de l'analyse des causes profondes des problèmes, car tout absent risquerait de se voir désigner comme bouc émissaire, ce qui est contre-productif. Il faut aussi que la mise en œuvre de cette méthode se fasse dans un environnement de confiance mutuelle et de responsabilisation. Ainsi, il est important de considérer chaque erreur, si elle survient pour la première fois, avec indulgence, et de tout mettre en œuvre pour qu'elle ne se produise plus. Enfin, il ne faut pas perdre de vue que cette méthode risque de mettre au jour des faits et des vérités dérangeantes, et que la résolution des problèmes entraînera un investissement important en argent et en temps. Néanmoins, à long terme, ces efforts sont indispensables.

Les moteurs de croissance

Le moteur de croissance est le mécanisme auquel les start-up ont recours pour se développer de façon durable. Toute société a pour objectif d'intensifier son moteur de croissance. Conçu pour limiter les indicateurs, il permet à la société de se concentrer sur les données de certains indicateurs uniquement, en ignorant les autres, et d'améliorer ainsi la vitesse de validation de ses hypothèses.

Il existe trois types de moteurs de croissance :

- **le moteur de croissance fidélisation**. Il consiste à attirer et à retenir les clients sur le long terme. Il faut que le nombre de nouveaux clients soit supérieur au nombre de clients partis. Ce moteur se consacre aux clients existants et tente de leur faire apprécier davantage encore le produit afin d'accroître le taux de rétention.
- **le moteur de croissance viral**. Via ce moteur, ce sont les clients qui réalisent la plus grande part du marketing. Ce moteur se concentre sur le nombre d'amis que chaque nouveau client pourra à son tour amener à apprécier le produit de l'entreprise. Ce type de transmission se fait de façon inconsciente.
- **le moteur de croissance par acquisition payante**. Le but de ce moteur est d'augmenter les recettes provenant de chaque client ou de réduire leur coût d'acquisition. Il faut être capable de monétiser une clientèle particulière et de calculer ce qu'un client potentiel pourra au cours de sa vie dépenser pour le produit.

En théorie, plusieurs moteurs de croissance peuvent être employés en même temps. Cependant, l'expérience d'Eric Ries l'incite à penser qu'il est préférable de n'en privilégier qu'un seul. Le concept de moteur de croissance permet de voir si une entreprise a trouvé la bonne adéquation entre son produit et le marché ; en d'autres termes, si une entreprise a trouvé une clientèle large et fidèle.

Tout moteur de croissance finit cependant par s'essouffler. Il faut donc être capable d'anticiper cet essoufflement et être prêt à tout moment à en changer. Pour ce faire, il est indispensable pour l'entreprise de garder une certaine flexibilité au niveau de sa structure.

CONCLUSION

Une start-up qui se lance dans la mise sur le marché d'un produit doit avant tout éviter toute forme de gaspillage. Pour ce faire, il est primordial d'aller au contact des prospects. Il faut les connaître, les rencontrer, afin de percevoir ce qui dans le produit proposé pourrait être, pour eux, une valeur ajoutée et afin d'orienter la production et le marketing en ce sens.

Ensuite, il est important de minimiser le temps passé à la boucle de feed-back. Déceler les éventuels problèmes qui pourraient surgir au plus vite, être capable d'effectuer des ajustements nécessaires au bon moment et pouvoir modifier en tout ou en partie sa stratégie globale constituent des paramètres qui pourront faire gagner du temps et de l'argent à l'entreprise.

RÉPERCUSSIONS DE L'OUVRAGE

CRITIQUES DE SON APPROCHE

Les techniques *lean* sont loin de faire l'unanimité. De façon générale, il est reproché au *lean manufacturing* de tout mettre en œuvre pour intensifier le travail, ce qui aurait des répercussions sur le bien-être physique et mental des travailleurs. La chasse au gaspillage et au temps perdu, jugé inutile, prive les travailleurs de temps de récupération parfois bien nécessaire. En effet, certains dirigeants n'ont tendance à appliquer ces méthodes que pour l'aspect « gain de productivité/réduction des coûts ». Pour le détracteur de cette approche, le *lean management* doit avant tout être envisagé dans une logique d'amélioration à long terme, sans cette obsession des gains de productivité – une possibilité qui reste difficile à imaginer en période de crise ou de complication.

Si l'on s'intéresse plus précisément au concept de *lean start-up* lancé par Eric Ries, bien que le livre se soit extrêmement bien vendu, devenant un best-seller peu de temps après sa sortie, des voix se font entendre pour dénoncer une focalisation sur le court terme. La start-up *lean* casse l'éventualité d'une vision à long terme puisqu'au moindre contretemps, on envisage de modifier sa stratégie. Avec cette vision entrepreneuriale, de nombreuses sociétés qui ont mis du temps à s'installer sur le marché n'auraient sans doute jamais percé. Sans compter qu'en l'absence d'une vision à long terme, la possibilité de trouver des investisseurs s'amenuise fortement.

En outre, la méthode *lean start-up* mettrait de côté l'aspect humain : à force de vouloir parer à toute incertitude, l'entrepreneuriat pourrait perdre son côté passionnel au profit d'une froide raison. D'ailleurs, la start-up *lean* doit pouvoir compter sur des entrepreneurs humbles et raisonnés. Il faut en effet être capable de mettre sa fierté régulièrement de côté et accepter que ses projets soient rapidement destinés à finir à la poubelle.

D'autres voix s'élèvent pour dénoncer l'encouragement à effectuer test sur test. La plupart d'entre eux seraient inutiles, tandis qu'enchaîner les innovations à un rythme frénétique fatiguerait rapidement les employés et les concepteurs.

Les produits issus d'une start-up mettant en application les principes *lean* sont eux aussi régulièrement soumis au feu des critiques. Souvent incomplets et fractionnaires lors de leur arrivée sur le marché, ils seraient difficiles à apprécier. Il paraît en effet difficilement concevable que de potentiels clients privilégient un produit dépourvu de fonctionnalités essentielles à un produit mûrement réfléchi. La mise en vente à ce stade ne serait donc que temps perdu.

Les principales critiques n'hésitent pas à prendre des entreprises telles que Google ou Facebook en exemple : ces produits ne sont pas arrivés sur le marché en étant de basse qualité. Au contraire, ils ont observé ce qui se faisait auparavant et ont appris des autres. Les plus amers n'hésitent pas à dire qu'il suffit pour une entreprise d'observer les erreurs que font les *lean start-up* au moment du lancement de leurs produits sur le marché afin de ne pas les reproduire et de les surpasser en proposant d'emblée un meilleur produit pour ensuite rapidement mettre la main sur le marché, à la manière d'Apple.

Certains auteurs et bloggeurs se montrent très véhéments envers ces méthodes *lean*. Évoquons notamment Thomas Guyon, ancien directeur d'incubateur et entrepreneur (« Lean Startup : la méthode qui plante 93 start-up sur 100 », in *Frenchweb.fr*, décembre 2015) ainsi que l'entrepreneur Guilhem Bertholet (« La Lean Startup m'a Tuer – Les inconvénients d'une méthode miracle », in *Création d'entreprise & startups !*, décembre 2013).

Enfin, une critique qui revient régulièrement insiste sur le manque de compatibilité entre l'ensemble des méthodes décrites par Eric Ries et les moyennes ou grandes entreprises. Ces méthodes restent avant tout adaptées à de petites structures.

EXTENSIONS ET APPROCHES SIMILAIRES

Malgré ces critiques, le mouvement *lean start-up* s'est étendu à l'échelle mondiale. Il existe aujourd'hui quantité de sources traitant du sujet. Il y a tout d'abord le site officiel The Lean Startup, animé par Eric Ries en personne – ce dernier, nous l'avons mentionné, tient également un blog sur la question : Startup Lessons Learned. Il y a bien entendu les ouvrages de Steve Blank, véritable précurseur dans la mise en place de certaines théories *lean* dans les entreprises, comme *The Four Steps to the Epiphany* (2005) qui aborde les méthodes de développement client. Ce dernier possède également un blog internet sur lequel il prodigue régulièrement ses conseils en matière de gestion de sa clientèle et d'entrepreneuriat pro-client (http://steveblank.com). Dans le même domaine, il est intéressant de se pencher sur les travaux de Brant Cooper et Patrick Vlaskovits (http:// custdev.com). Eric Ries s'est également dit très influencé par des penseurs tels que Sean Ellis (http://www.startup-marketing.com/) qui apporte une vraie réflexion sur la façon d'introduire du marketing dans les start-up.

En outre, on peut dire qu'une véritable communauté d'adeptes s'est constituée. Il existe par exemple des milliers de groupes dédiés à cette thématique de par le monde (http://www.meetup.com/fr-FR/topics/lean-startup/all/). Tous les quinze jours a lieu en France, à Paris, un dojo *lean start-up* où l'on peut rencontrer des passionnés de ces méthodes de travail et y apprendre les outils qui seront nécessaires au lancement d'une start-up *lean*. Il existe également une liste de diffusion contenant une série d'informations en ligne que s'échangent des passionnés et des entrepreneurs actifs au quotidien dans la pratique du concept *lean start-up*. Elle regroupe des milliers de créateurs de start-up qui font chaque jour part de leurs conseils, ressources et témoignages (http://leanstartupcircle.com). Un pendant français a tôt fait de voir le jour : https://groups.google. com/forum/#!forum/lean-startup-fr.

EN BREF

- Le *lean manufacturing* est une méthode de production mise en place par des entrepreneurs Toyota au Japon après la Seconde Guerre mondiale. Leur objectif était d'éviter toutes formes de gaspillage.
- Eric Ries a décidé d'appliquer ces principes au processus d'innovation dans tout type d'entreprises et dans les start-up en particulier.
- La méthode *lean start-up* s'appuie avant tout sur une bonne connaissance des clients potentiels et du marché sur lequel devrait évoluer le produit. Pour ce faire, aller sur le terrain est indispensable.
- La seconde étape consiste à tester le produit auprès des clients. Les remarques de ces derniers permettront de faire des ajustements progressifs afin d'évoluer vers la demande et le désir des clients.
- Certaines techniques telles que les « petits lots » et les « cinq pourquoi » permettent aux start-up de déceler rapidement les problèmes qui pourraient ralentir leur processus.
- L'ensemble du processus consiste en une meilleure performance de la boucle de feed-back : mieux savoir ce que le client attend afin d'augmenter la rentabilité.
- Les méthodes *lean* consistent donc en une économie de temps et d'argent, en évitant tout gaspillage afin de préserver les forces là où la nécessité s'en fait réellement sentir.
- La start-up *lean* a rapidement conquis de nombreux entrepreneurs et a essaimé à travers le monde. Par la suite,

certaines critiques se sont fait jour, mais dans l'ensemble,
le mouvement n'a cessé de prendre de l'ampleur.

POUR ALLER PLUS LOIN

SOURCES BIBLIOGRAPHIQUES

- BERTHOLET (Guilhem), « La Lean Startup m'a Tuer – Les inconvénients d'une méthode miracle », in *Création d'entreprise & startups !*, décembre 2013, consulté le 11 mars 2016. http://www.guilhembertholet.com/blog/2013/12/10/la-lean-startup-ma-tuer-les-inconvenients-dune-methode-miracle/
- DEGONDE (Stéphane), « Entrepreneurs, et si le Lean Startup n'était pas la solution magique ? », in *Harvard Business Review France*, mai 2014, consulté le 11 mars 2016. http://www.hbrfrance.fr/chroniques-experts/2014/05/2186-entrepreneurs-et-si-la-lean-startup-navait-pas-reponse-tout/
- GERMAIN (Sabine), « Le Lean management, un danger pour les salariés ? », in *Les Échos.fr*, avril 2013, consulté le 11 mars 2016. http://business.lesechos.fr/directions-ressources-humaines/ressources-humaines/bien-etre-au-travail/le-lean-management-un-danger-pour-les-salaries-5925.php#
- GUYON (Thomas), « Lean Startup : la méthode qui plante 93 start-up sur 100 », in *Frenchweb.fr*, décembre 2015, consulté le 11 mars 2016. http://www.frenchweb.fr/lean-startup-la-methode-qui-plante-93-start-up-sur-100/216587
- « Les risques organisationnels du Lean Management sur la santé au travail », in *Officiel Prévention : Santé et Sécurité au travail*, juin 2013, consulté le 11 mars 2016. http://www.officiel-prevention.com/protections-collec-

tives-organisation-ergonomie/psychologie-du-travail/de-tail_dossier_CHSCT.php?rub=38&ssrub=163&dossid=470
- RIES (Eric), *Lean Startup. Adoptez l'innovation continue*, Montreuil, Pearson France, 2012.
- RIES (Eric), *TheLeanStartup.com*, consulté le 11 mars 2016. http://theleanstartup.com/
- SHARKEY (Michael), « 6 things wrong with the Lean Startup model (and what to do about it) », in *VentureBeat.com*, octobre 2013, consulté le 11 mars 2016. http://venturebeat.com/2013/10/16/lean-startups-boo/
- TSAGLIOTIS (Adrien), « Entrepreneurs, testez d'abord votre produit sur 5 utilisateurs », in *Journal du Net*, juin 2015, consulté le 11 mars 2016. http://www.journaldunet.com/web-tech/start-up/eric-ries-eric-ries-lean-startup.shtml

SOURCES COMPLÉMENTAIRES

- BLANK (Steve), *The Four Steps to the Epiphany*, Californie, K&S Ranch Press, 2005.
- CHRISTENSEN (Clayton), *The Innovator's Dilemma*, Harvard, Harvard Business School Press, 1997.
- CHRISTENSEN (Clayton), *The Innovator's Solution*, Harvard, Harvard Business School Press, 2003.
- DEMING (Edward), *Hors de la crise*, Paris, Economica, 1991.
- DRUCKER (Patrick), *La pratique de la direction des entreprises*, Paris, Cercle du livre précieux, 1968.
- KANIGEL (Robert), *The One Best Way: Frederick Winslow Taylor and the Enigma of Efficiency*, New York, Vinking, 1997.
- LIKER (Jeffrey), *Le modèle Toyota – 14 principes qui feront*

la réussite de votre entreprise, Montreuil, Pearson France, 2009.
* MARTINAUD (Bruno), *Start-up : Anti-bible à l'usage des fous et des futurs entrepreneurs*, Montreuil, Pearson France, 2012.
* MOORE (Geoffrey), *Crossing the Chasm*, New York, Harper Collins Publishers, 1991.
* MOORE (Geoffrey), *Inside the Tornado*, New York, Harper Business, 1995.
* MOORE (Geoffrey), *Dealing with Darwin: How Great Companies Innovate at Every Phase of Their Evolution*, Ottawa, Portfolio, 2005.
* MULLINS (John) et KOMISAR (Randy), *Getting to Plan B: Breaking Through to a Better Business Model*, Harvard, Harvard Business School Press, 2009.
* REINERTSEN (Donald), *The Principles of Product Development Flow: Second Generation Lean Product Development*, Redondo Beach, Celeritas Publishing, 2009.
* SLOAN (Alfred), *Mes années à la General Motors*, Paris, Édition Hommes et techniques, 1967.
* TAYLOR (Frederick), *Principes d'organisation scientifique des usines*, Paris, Revue de métallurgie, 1912.
* WATTS (Steven), *The People's Tycoon: Henry Ford and the American Century*, New York, Vintage, 2006.
* WOMACK (James), *Système lean – penser l'entreprise au plus juste*, Paris, Village mondial, 2009.

Votre avis nous intéresse !
Laissez un commentaire sur le site de votre librairie en ligne
et partagez vos coups de cœur sur les réseaux sociaux !

Éditeur responsable : Lemaitre Publishing
Avenue de la Couronne 382 | BE-1050 Bruxelles
info@lemaitre-editions.com

ISBN ebook : 978-2-8062-8269-9
ISBN papier : 978-2-8062-8270-5
Dépôt légal : D/2016/12603/272
Photo de couverture : © Elise Vanhecke

Conception numérique : Primento,
le partenaire numérique des éditeurs.